━━ セルフ・アセスメント ━━

キャリア・マネジメント
変わり続ける仕事とキャリア

[著] エドガー H. シャイン／ジョン・ヴァン＝マーネン
[監訳] 木村琢磨
[訳] 尾川丈一／清水幸登

by Edgar H. Schein / John Van Maanen
supervised by
Takuma Kimura
translated by
Joichi Ogawa / Yukito Shimizu

FOURTH EDITION

CAREERS
ANCHORS

◎発行所◎
㈱プロセス・コンサルテーション

◎発売元◎
白桃書房

〈『キャリア・マネジメント』3部作の書名の記載について〉
....

本邦訳書『キャリア・マネジメント』は，E. H. シャイン & J. ヴァン＝マーネンの著作による
Career Anchors, 4th Edition　3部作のうちの1冊です。各巻は，

Self-Assessment（セルフ・アセスメント）
Participant Workbook（パーティシパント・ワークブック）
Facilitator's Guide（ファシリテーター・ガイド）

と分かれており，本書中でそれぞれの書名を示す際は「キャリア・マネジメント」とは称さず，
『セルフ・アセスメント』『パーティシパント・ワークブック』『ファシリテーター・ガイド』と記載しています。

....

CAREER ANCHORS
The Changing Nature of Work and Careers
Self-Assessment
Fourth Edition
by
Edgar H. Schein & John Van Maanen
Copyright © 2013 by John Wiley & Sons, Inc. All Rights Reserved.

All Rights Reserved. This translation published under license.
Translation copyright © 2015 by Process Consultation Inc.

Japanese translation rights arranged with
John Wiley & Sons International Rights, Inc., New Jersey
through Tuttle-Mori Agency, Inc., Tokyo

目次

はじめに —— 4

自分のキャリア・アンカーを理解するための
セルフ・アセスメント —— 6

自己採点方法 —— 11

キャリア・アンカーの8つのカテゴリー —— 12
    1．TF－専門・職能別能力 (Technical/Functional Competence [TF]) …… 12
    2．GM－経営管理能力 (General Managerial Competence [GM]) …… 13
    3．AU－自律・独立 (Autonomy/Independence [AU]) …… 14
    4．SE－保障・安定 (Security/Stability [SE]) …… 15
    5．EC－起業家的創造性 (Entrepreneurial Creativity [EC]) …… 16
    6．SV－奉仕・社会貢献 (Service/Dedication to a Cause [SV]) …… 17
    7．CH－純粋な挑戦 (Pure Challenge [CH]) …… 18
    8．LS－生活様式 (Lifestyle [LS]) …… 20

次のステップと選択肢 —— 23

【座談会】日本語版刊行にあたって —— 24

著者について —— 34

はじめに

　この『セルフ・アセスメント』は，皆さんがキャリア選択をマネジメントするための一助となるものです。仕事の世界は，ますます複雑化し，ますます予測不可能になっています。仕事と生活との問題（ワーク・ライフ・バランス）についても，より困難な選択を迫られることになります。このような難しいかじ取りを行う際には，あなた自身の価値観や強い願望の本質を見抜くことが必要です。

　より良い選択を実現したいなら，現時点までの自分のキャリアを自己分析することが必須となります。なぜ必須なのでしょうか。多くの職業や組織でのキャリアは，マネジメントされすぎているか，逆に，まったくマネジメントされていないからです。皆さんは，他人の決めた選択に従うか，あるいは，自分のキャリアをしっかりマネジメントしないと大変なことになるぞ，と宣告されるかのいずれかになります。キャリア・カウンセラー，コーチ，人事部長，上司といった人々は，皆さんが昇進を受けるべきかどうか，今とは別の分野に挑戦するべきかどうかなど，皆さんが次にどのような動きをすべきかをアドバイスしてくれる状態にあるかもしれません。しかし，残念なことに，たとえそのような人たちが「あなたの気持ちは十分に理解していますよ」と言ってくれたとしても，そのアドバイスは必然的に，あなた自身のニーズや価値観よりも，組織のニーズの方に合わせたものとなります。

　ますます複雑化しグローバル化する世界においては，個人はこれまで以上に自立しなければならないということは明らかです。とはいえ，自分は何が得意なのか，何に価値を置いているのか，何に動機づけられているのかを，はっきりと認識していなければ，自分自身を頼りにすることはできません。このような動機・価値観に関する自己イメージこそが，皆さんの「キャリア・アンカー」なのです。この自己イメージは，会社の利益や職業上の利害のためではなく，あなた自身の関心に基づいてキャリア選択を行うために役立つ

ものです。

　この『セルフ・アセスメント』に掲載した質問項目は，あなたが自分のキャリア・アンカーを明らかにしたり，あなたの動機・価値観があなたのキャリア選択とどのように結びつくかを考えたりする，最初のステップとなるように設計されています。自分のキャリア・アンカーを正しく認識することができれば，あなたが本当に価値を置いているものや，あなたが自分自身をどのように見ているか，に合致したキャリア選択やキャリアの決定ができるようになります。

　キャリア・アンカーとは，意にそぐわないキャリアの選択を迫られた場合でも，どうしてもあきらめたくないと考えている動機・価値観の領域を組み合わせたものです。キャリア・アンカーは，本当のあなたを表します。自分のキャリア・アンカーを知らなければ，ニンジンにつられて，目先の仕事や求人に応じてしまうかもしれませんが，やがては，そのような仕事に不満を抱くようになります。あなた自身が「こんなのは本当の自分じゃない」と感じてしまうからです。この『セルフ・アセスメント』にある質問項目に，できるだけ正直に答えていただければ，あなたが本当はどういう人間であるかを知ることができます。そうすれば，あなたにとって悪い選択を避けることができます。この『セルフ・アセスメント』は，神秘的な採点方法を持つテストではなく，あなた自身の特徴を知るための1つの手段なのです。

　キャリア・アンカーに関する研究によると，ほとんどの人は後のセクションで解説する8種類のカテゴリーのいずれかに該当すると考えられます。これは過去数十年にわたる幅広い研究に基づいていますが，絶対的なキャリアの種類と考える必要はありません。あなた自身の優先順位を探るためのガイドラインとしてとらえてください。キャリア・アンカーのカテゴリーについては，皆さんがご自身のキャリアのゴールや願望について気楽に考えられるように，なるべく平易な表現を使って解説しています。

自分のキャリア・アンカーを理解するためのセルフ・アセスメント

　次に挙げる40項目のそれぞれについて，書かれている内容が自分にどれだけあてはまるかを評価してください。

「まったくあてはまらない」と思ったら，**1**をつけてください。
「あまりあてはまらない」と思ったら，**2**をつけてください。
「たいていあてはまる」と思ったら，**3**をつけてください。
「いつもあてはまる」と思ったら，**4**をつけてください。

注：これは標準検査ではありません。各項目は，あなたがキャリアから何を得たいと思っているのか，あなたが能力を習得・発揮したいと思っている分野は何か，あなたは何をしているときが一番幸せか，を考えるきっかけとなるように考案されています。誰かに評価を受けるものではありませんし，自分の点数を他の人と比較する必要もありません。あくまでも，あなたが自分自身について考えるためのものですから，すべてに正直に答えてください。11ページの自己採点シートに，自分の回答を転記してください。

まったくあてはまらない　あまりあてはまらない　たいていあてはまる　いつもあてはまる
　　　　1　　　　　　　　　　2　　　　　　　　　　3　　　　　　　　4

__2__　1. 私は，周りの人がいつも自分に専門家としてのアドバイスを求めてくるくらい，現在手がけていることについて得意でありたいと思う

__3__　2. 私が仕事で一番満足できるのは，1つの活動に向けて多くの人の努力を結集できたときだ

__3__　3. 私は，自分のやり方や自分のスケジュールで仕事ができる自由なキャリアが夢だ

__2__　4. 私は，自分で会社を興すための土台となりそうなアイデアを，いつも注意して探している

__2__　5. 自由と自律より，保障と安定のほうが私にとっては大切だ

__2__　6. 私にとっては，個人的関心や家族の問題のために能力を十分に発揮できない仕事に妥協して就くくらいなら，組織を去るほうがましだ

__3__　7. 私が自分のキャリアで成功を実感できるのは，社会全体の福祉のために真に貢献できたときだ

__2__　8. 私は，困難な問題の解決に，いつまでも挑戦し続けることができるキャリアが夢だ

__3__　9. 私が自分のキャリアで成功を実感できるのは，自分の能力をさらに高いレベルへと向上できるときだけだ

__2__　10. 私は組織全体のかじ取りをするのが夢だ

__3__　11. 私が仕事で一番満足できるのは，自分で完全に自由に仕事の内容・スケジュール・手順を決められるときだ

__3__　12. 私は，自分の雇用の安定を脅かすような業務配分をしてくる組織に長くとどまろうとは思わない

まったくあてはまらない　あまりあてはまらない　たいていあてはまる　いつもあてはまる
　　　　1　　　　　　　　　　2　　　　　　　　　　3　　　　　　　　　4

___1___ 13. どこかの組織で高い地位を得るより，自分自身で事業を興すことのほうが私にとっては重要だ

___3___ 14. 私がキャリアで一番満足できるのは，自分の才能を活かして誰かの役に立てたときだ

___2___ 15. 私が自分のキャリアで成功を実感できるのは，困難な課題に次々と取り組み，それを克服できたときだけだ

___4___ 16. 個人のニーズ，家族のニーズ，仕事のニーズを同時に満たすことができるようなキャリアが夢だ

___3___ 17. 経営幹部になるより，自分が専門とする職能・技術の領域の部門長になるほうが私にとっては魅力的だ

___3___ 18. 私が自分のキャリアで成功を実感できるのは，自分の仕事を自分で決められる完全な自律と自由があるときだ

___2___ 19. 私は，組織のなかで安定と保障を実感できる仕事を常に求めている

___3___ 20. 私が一番満足できるのは，自分の技能と努力の結果，何かを達成できたときだ

___2___ 21. 私が成功を実感できるのは，管理職として組織で高い地位を得たときだ

___3___ 22. 私にとっては，世の中をより良くするために自分の才能を活かすことが，自分のキャリアを決める根本だ

___2___ 23. 私がキャリアで一番満足できるのは，解決不可能と思われた問題を解決できたときや，まったく勝算がないと思われた勝負に勝ったときだ

___3___ 24. 私が，自分がよい人生を送っていると思うのは，個人の要件，家族の要件，キャリア上の要件との間のバランスをとることができたときだけだ

まったくあてはまらない　あまりあてはまらない　たいていあてはまる　いつもあてはまる
　　　　1　　　　　　　　　2　　　　　　　　　3　　　　　　　4

___3___ 25. 私は，安定と保障を実感できるようなキャリアが夢だ

___2___ 26. 私にとっては，自分の専門領域とかけ離れた配置転換を受け入れるくらいなら，その会社を辞めたほうがましだ

___3___ 27. 私にとって，仕事と生活のバランスをとることは，管理職として高い地位を得ることより大切だ

___2___ 28. 私は，人類と社会に真に貢献できるようなキャリアが夢だ

___1___ 29. 私にとって，自分のキャリアで成功を実感できるのは，自分なりのアイデアとスキルをもとにして起業をしたときだけだ

___2___ 30. 私にとっては，経営幹部になることは，自分の専門領域の部門の部門長になるよりも魅力的だ

___2___ 31. 私にとっては，規則や縛りがなく自分自身のやり方で仕事ができる機会がとても重要だ

___2___ 32. 私は，自分の問題解決スキルや他の人よりも優れているスキルを存分に発揮できるような仕事の機会を望んでいる

___2___ 33. 私は，自分で事業を立ち上げ，軌道に乗せていくことが夢だ

___2___ 34. 私は，他人の役に立つ能力を発揮できない地位に就くくらいなら，会社を辞めたほうがましだ

___3___ 35. 私が仕事で一番満足できるのは，自分のもつ特別なスキルや才能を活かせるときだ

___2___ 36. 私は，管理職への道を閉ざしてしまうような配属を受け入れるくらいなら，会社を辞めたほうがましだ

まったくあてはまらない　あまりあてはまらない　たいていあてはまる　いつもあてはまる
　　　　1　　　　　　　　　　2　　　　　　　　　　3　　　　　　　4

_3_　37.　私が自分の仕事人生で一番満足できるのは，経済面・雇用面での安定を感じるときだ

_2_　38.　私は，自分の自律と自由を損なう配属を受け入れるくらいなら，会社を辞めたほうがましだ

_3_　39.　私は，個人的関心と家族の問題をなるべく邪魔しない仕事の機会をいつも求めてきた

_2_　40.　私にとっては，解決困難な問題に取り組むことが，管理職としての高い地位を得ることよりも重要だ

　すべての項目をもう一度読みなおして，自分が感じていることを最もよく言い表している項目を5つ選んでください。その項目に○印をつけてください。自己採点シートでは，その5項目に5点ずつ加算してください。

自己採点方法

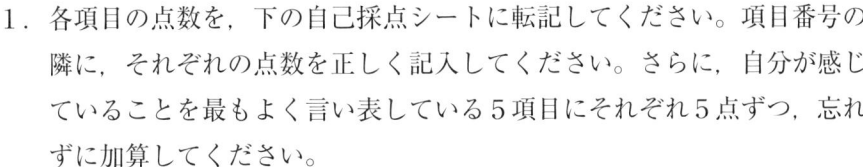

1. 各項目の点数を，下の自己採点シートに転記してください。項目番号の隣に，それぞれの点数を正しく記入してください。さらに，自分が感じていることを最もよく言い表している5項目にそれぞれ5点ずつ，忘れずに加算してください。

2. 各列の点数を足して合計点数を「合計」欄に記入してください。合計点数が大きくなるほど，その列は，「あなた自身が表明した」あなたのキャリア・アンカーやキャリアに関する好みを表すものになります（各列の最初に書かれたアルファベット2文字は，キャリア・アンカーの各カテゴリーを意味しています）。質問に正直に答えていればいるほど，点数はより正確にあなたのアンカーや好みを示すことになります。では，次のセクションに進んで，その点数が何を意味するかを考えましょう。

TF	GM	AU	SE	EC	SV	CH	LS
1. 2	2. 3	3. 3	5. 2	4. 2	7. 3	8. 2	6. 2
9. 3	10. 2	11. 3	12. 3	13. 1	14. 8	15. 2	16. 9
17. 8	21. 2	18. 3	19. 2	20. 3	22. 3	23. 2	24. 8
26. 2	30. 2	31. 2	25. 3	29. 1	28. 2	32. 2	27. 8
35. 3	36. 2	38. 2	37. 3	33. 2	34. 2	40. 2	39. 3
合計 18	合計 11	合計 13	合計 13	合計 9	合計 18	合計 10	合計 30

キャリア・アンカーの
8つのカテゴリー

　ここでは，キャリア・アンカーの8種類のカテゴリーについて解説します。キャリア・アンカーの8種類のカテゴリーは，あらゆる職業に当てはまるものです。最初に各カテゴリーの概略を解説したあと，キャリア・アンカーが実際にどのように機能し，キャリアの意思決定にどのような影響を与えるかを示すため，2つの実例を取り上げます。

　最初に取り上げる2つのキャリア・アンカー，「専門・職能別能力」と「経営管理能力」は，自分が何において有能であるかを中心軸に据えています。

■ 1. TF－専門・職能別能力 (Technical/Functional Competence [TF])

　この列の合計点が最も高い場合，あなたのキャリア・アンカーは，ある特定の専門分野・職能分野に関するものとなります。あなたがどうしてもあきらめたくないと思っているものは，自分の専門領域において自分のスキルを活かすことや，スキルを常に高いレベルに向上し続けることができる機会です。あなたのアイデンティティは，あなたのスキルの実践を通じて確立されます。また，自分の専門分野で能力を試されるような仕事に挑戦するとき，あなたは最大の喜びを感じます。あなたは自分の専門分野・職能分野では他の人を管理することを厭いませんが，管理すること自体に興味があるわけではありませんから，自分の専門領域から離れてしまうという理由で，会社経営に携わることは避けるかもしれません。このキャリア・アンカーをもつ人の一番大きな問題は，彼らがうまくやれない可能性があり，また，興味ももっていない経営幹部としての業務に無理やり就かされてしまうことがよくあるということです。

ＴＦ－専門・職能別能力の例

　　　テッド・フリードマン氏は，ビジネススクールの出身者で，製造技術に興味と関心をもっている。大手の多国籍メーカーでいくつもの業務を担当してきたおかげで，フランスにある子会社のエンジニアリング部門全体を統括するポジションに昇進した。テッドはこの仕事できわめて優秀な働きぶりを見せ，自分が，フランスの子会社全体を率いるような幹部候補とみなされていることに気づいた。しかしテッドは，子会社の社長候補として自分の名前が挙がっていることを良しとはせず，本社の同僚に働きかけ，リタイアするまで製造部門のシニア級スタッフというポジションを確保し続けた。会社経営の業務は政治的色彩が濃すぎ，人に関わる問題に満ちていて，自分にとっては挑戦のしがいがない，と彼は考えたのだ。

　　　ターニャ・フィールド氏は，大手食品会社の製品開発マネジャーから自分のキャリアをスタートさせた。仕事ではマーケティングの才能が求められていたが，ターニャは，自分はマーケティングが好きで，しかもマーケティングが得意であることに気がついた。仕事がうまくいったおかげで，彼女はより大規模な製品開発の担当へと昇進し，ついには，ある製品開発グループを任されるまでになった。彼女はマネジメント業務自体を面白いとは感じていなかったが，会社は彼女の経営手腕を買って，ある部門の長へと昇進させた。ターニャは，10年間にわたりその仕事で成功を収めたのち，本社に異動となり，マーケティング担当部長として迎えられた。彼女には今たった１人の部下しかおらず，マーケティングのライン業務の責任がないにもかかわらず，ターニャはこう語っている。「マーケティング戦略の策定という，これまでずっとやりたいと思っていたことを，やっとできるようになりました。ゼネラル・マネジャーにもなれたけれど，あまり楽しくはありませんでした。今は自分が得意で楽しくできる仕事やっているから幸せです」。

■2．GM－経営管理能力 (General Managerial Competence [GM])

　　　この列の合計点が最も高い場合，あなたのキャリア・アンカーは経営管理となります。あなたがどうしてもあきらめたくないと思っているものは，組織のなかで高い地位につき，部門を越えて人々の努力を統合し，担当ユニットの成果に責任をもつことのできる機会です。あなたは，結果全体に責任，説明責任をもちたいと思うでしょう。また，勤めている組織の成功と自分の仕事を重ね合わせたいと考えていることでしょう。現在，どこかの専門分野・職能部門に在籍しているとすれば，そこにいることを，将来のために必要な学習経験としてとらえているでしょうし，また，担当部門のなかでの上位の

マネジメント業務を引き受けることもするでしょう。しかし，あなたの希望は，できるだけ早くゼネラリストとしての仕事に就くことです。また，重い責務に取り組むために必要な分析能力，対人スキル，対集団スキル，情緒的能力などを基礎とした自分自身のマネジメント能力が，組織やプロジェクトの成功に結びついたと考えられるような仕事をすることを望みます。

GM－経営管理能力の例

グレース・モーガン氏は，大手コンピューター会社にプログラマーとして入社したところからキャリアを開始した。5年間のさまざまなプログラミング業務を経て，彼女はある技術グループを引き継ぐと，グループのマネジメントの才能を発揮した。その後の数年間，彼女はますます大きな部門を率いるようになり，その間に財務とマーケティングについて多くを学んでいった。同じような事業を行っている他の会社が新しいCEOを探しており，グレースはヘッドハンターから誘われ，その仕事を引き受けることにした。そして，10年にわたって会社をうまく経営している。

ジョージ・メイソン氏はビジネススクールを修了後，通信業界に職を得ると，いわゆる「将来有望な」マネジャーとして，毎年の定期ローテーションでさまざまなビジネス分野を経験するという育成制度の対象者となった。ジョージはあるグループを監督する機会を与えられたが，自分はその役割をこなすのが好きであり，また得意であることが分かった。その時点で彼は，管理職の階梯を上っていきたいと思い，昇進の遅いローテーション・プログラムに我慢できなくなっていた。そして，ジョージは友人と協力して小さな会社を買収することに決め，通信会社でやれる以上に早く，会社の経営を手がけることになった。彼は20年間にわたり，会社をうまく経営し，その後引退した。

次の4つのキャリア・アンカー，「自律・独立」，「保障・安定」，「企業家的創造性」，「奉仕・社会貢献」では，動機や欲求が主要な軸となります。

■3. AU－自律・独立（Autonomy/Independence [AU]）

この列の合計点が最も高い場合，あなたのキャリア・アンカーは「自律・独立」となります。あなたがどうしてもあきらめたくないと思っているものは，自分の仕事を自分なりに定義する機会です。なにより自由でいたい，キャリア上のことは自分の好きなようにやりたいと思っています。自分でも，そのことに気がついているはずです。伝統的組織の業務でもこのような自由が

十分に認められていることがありますが，このアンカーをもつ人は，自営業などの自律性の高い職務を選ぼうとします。たとえば，フリーランスのコンサルタントや大学教授，小規模事業を行う独立経営者，外勤の営業担当者などです。組織にどうしてもとどまらなければならないときでも，業務時間や仕事のやり方については，柔軟性のある仕事を担当することを望みます。また，自律性を維持するために，昇進や出世の機会を拒むこともあるでしょう。

AU－自律・独立の例

アーサー・アンガー氏は，ある大企業の人事部でキャリアをスタートさせた。だがすぐに，その組織にあるたくさんの規則や儀礼が好きになれないうえ，大切にも思えないことを悟った。彼は，より自律性の高い調査・研究の業務役割を作り出そうとしたが，逆に，大企業は何かと口出しをしてくることが多いということが分かった。そこで彼は，会社を辞め，フリーのコンサルタントになった。結婚して子供が生まれたとき，彼はコンサルタントの仕事では家族を養っていけず，また，出張があまりに多いため，家族と過ごす時間が取れないと感じた。そこで，夫婦で小さな店舗を買うことにし，その後，その店を順調に経営した。

アリス・アップダイク氏は，独立の経営コンサルタントとしてキャリアをスタートさせた。仕事はとても順調で，ビジネス全体を回していくために，何人かの社員を雇うまでになった。自分の会社が大きくなるにつれて，彼女は組織をマネジメントする仕事があまり好きではないと感じるようになった。本当に好きなのはコンサルティングであり，それがもたらす自由であった。そこで彼女は，自分の会社を売却し，フリーランスのコンサルタントに戻ることにした。

■4. SE－保障・安定 (Security/Stability [SE])

この列の合計点が最も高い場合，あなたのキャリア・アンカーは「保障・安定」となります。あなたがどうしてもあきらめたくないと思っているものは，雇用の保障であり，職務や組織での勤続です。あなたの最大の関心事は，キャリアが安定しているという実感をもち，安心できることです。このアンカーは金銭的な保障（年金や退職給付制度など）と雇用保障，すぐに仕事が見つけられる地域に在住するといった意味での地理的安定性を軸としています。安定を得るためには，雇用継続と引き換えに，会社に対して忠誠を誓い，雇用主が求めることを何でもする覚悟をもたなければならないかもしれません。才能に恵まれていれば，高い地位まで到達できるかもしれませんが，そ

もそも仕事の中身や，組織のなかで到達できる地位にはあまり関心をもっていません。自律性と同じく，保障・安定に対するニーズは，誰もがもっているものです。金銭的負担が重いときとか，高齢になり退職を迎えるときなどは，特にそうでしょう。しかし，ここにアンカーがある人は，これらの問題に常に関心をもち，保障と安定のマネジメントに関連づけて，自己イメージ全体をつくり上げようとします。心から「よくやった！」と感じることができるような，キャリア上の成功と安定した地位を確保できたときだけ，安心することができるのです。

SE－保障・安定の例

サリー・エバンス氏は，かろうじて大学に行けるくらいの経済レベルの家庭で育った。大学に進学して工学を専門として選んだのは，4年間で十分な教育が得られ，大学院教育を受けなくてもすぐに仕事につけることが保証されているからだった。卒業後，彼女は大手電機会社に勤め，いつまでも通用すると思われるスキルを次々と身につけていった。彼女は会社の手厚い福利厚生や豊かな退職給付制度に満足していた。チャレンジングなものではなくても，自分は忠誠心が高く信頼できる人物であることが分かってもらえるような仕事を多く担当した。

スタン・エバート氏は，父親が小さな事業を行っている，ある田舎町で育った。大学卒業後にスタンは，2，3の会社で働き，さまざまな分野を経験した。彼はそこで多くのことを学ぶことができたと感じていたが，本当は家族をもち，身を落ちつけたいと思っていた。彼は故郷に戻り，家業を継ぐ決意をした。そこでは，キャリアが保障されていて，同じ場所に住み続けることができるからだ。

■5. EC－起業家的創造性 (Entrepreneurial Creativity [EC])

この列の合計点が最も高い場合，あなたのキャリア・アンカーは起業家的創造性となります。あなたがどうしてもあきらめたくないと思っているものは，自分の能力と意志だけを頼りにリスクを負い障害を乗り越えながら，組織や企業を創造する機会なのです。このようなアンカーをもつ人は，自分が，自分自身の努力により会社を興すことができるということを，広く世に示したいと思っています。将来の可能性を探ったり，必要なことを学習したりしている間は，組織に勤めて誰か他の人の下で働くこともあるかもしれませんが，自分で独立してやっていけると思ったらすぐに，自発的に飛び出そうとするでしょう。あなたは自分の能力の証として，自分の企業が高い業績をあげることを望むでしょう。あなたは自分自身の価値を，企業規模や会社の成

功の度合いで測ろうとします。この欲求がとても強いため，最終的な成功を求めて，キャリアの至るところで遭遇しうる多くの失敗にも，あなたは耐えることができるのです。

EC－起業家的創造性の例

　　　エド・コービン氏は，エンジニアとしてキャリアをスタートさせたが，何か事業を自分で始める機会をいつも探っていた。彼は，財務分野でのスキルを身につけ，ある業界で非常にうまくいっている財務手続きが，別の業界ではまったく使われていないことに気がついた。そこで，エドはデンバーに移り住み，この新しい財務手法を商品とするコンサルティング会社を創業する機会を得て，数百万ドルのビジネスの立ち上げに成功した。また，この「山岳地域」で海産物を扱う鮮魚小売店もオープンさせたが，十分なマーケットがなかったため，こちらの事業は失敗に終わった。彼は，財務ビジネスを売却し，鉱山事業に投資を行ったりしたが，最終的には起業家としては引退し，この地域にできた新しいビジネススクールの学部長に就任した。それはまた，エドにとっては別の意味での起業家的冒険であった。

　　　エレン・コーン氏は子育てのかたわら，パートタイムの不動産販売員として働き始めた。この時期に彼女は，成功する投資方法を扱った「主婦向け金融クラブ」を立ち上げた。また，小さな宝石販売業も興した。子供が大きくなると，今度は自分の不動産会社を設立した。それ以降，数年間にわたって，彼女は地域に不動産会社チェーンを築き，最終的には，かなり大規模な不動産企業グループを経営するに至った。

■6. SV－奉仕・社会貢献 (Service/Dedication to a Cause [SV])

　この列の合計点数が最も高い場合，あなたのキャリア・アンカーは奉仕・社会貢献となります。あなたがどうしてもあきらめたくないと思っているものは，たとえば，世界をより良くすること，環境問題を解決すること，人々に調和をもたらすこと，誰かを助けること，人々により安全をもたらすこと，新製品を通じて病気を治すことといった，何か価値のあるものを実現できる仕事をする機会です。そのために組織を変わらなければならなくなったとしても，あなたはこのような機会を求め続けるでしょう。また，このような価値を実現できる仕事の機会が奪われるのであれば，異動や昇進を辞退することもあるでしょう。

SV－奉仕・社会貢献の例

　　　ステラ・ヴァーガス氏は，さまざまな官僚的施策の犠牲となった父が勤務

意欲を失ってしまったことに心を痛めた。そのため，人生の早い時期から，組織のおける生活の向上に深く関わることになった。大学卒業後，彼女は「人を大切にする」ことで評判の高い大企業の人事部に職を得た。実は，彼女が本当に求めていたのは，会社の人間関係の方針に大きな影響を与えることができる組織開発（OD）を担当するポジションだった。会社のキャリア制度では，最初は別の人事業務担当に配属になることを知っていたが，彼女はその配属に強く抵抗した。ついには，自分を組織開発部門に異動させることを上司に納得させ，それで，自分の人道主義的価値観に基づく新しい人事方針を実行するに至った。影響力が増すにつれて，他の組織も彼女の仕事に注目し始め，ついに彼女は，フォーチュン100社に挙げられている企業の組織開発部長として登用されることになった。

スタンリー・ヴァン・ネス氏は，大学と大学院で生物学と林学を専攻した。彼は大学教授となり，環境問題や，いかに企業の政策が環境破壊につながるか，という自分の関心に関わる仕事ができるようになった。オーストラリアのある大手アルミニウム会社は，ボーキサイトの採掘の方法についていくつかの環境規制下に置かれ，環境問題に会社が責任をもって取り組んでいるという姿勢を，政府に対して示さなければならなかった。そこでこの会社は，スタンリーをスカウトし，環境対策の面で適切な採掘方針を策定し，それを実行するよう求めた。スタンリーはオーストラリアに移り，その後10年間，自分のアイデアを実践するという実りある年月を過ごした。そして，新しい経営陣が，報酬として彼に，環境分野ではなく経営幹部のポストを用意することを決めると，スタンリーは学術界へと戻っていった。

次のキャリア・アンカーである「純粋な挑戦」は，価値観や動機を反映したものではありませんが，パーソナリティ特性と問題解決スタイルを反映したものです。

■ 7. CH－純粋な挑戦 (Pure Challenge [CH])

この列の合計点が最も高い場合，あなたのキャリア・アンカーは「純粋な挑戦」となります。あなたがどうしてもあきらめたくないと思っているものは，解決不可能と思われるような問題を解決すること，強敵に打ち勝つこと，困難な障害を乗り越えることなどに取り組む機会です。あなたにとって，仕事やキャリアを追求する理由のなかで唯一の意味あるものは，不可能と思われることに打ち勝つことです。たとえば，不可能といえるほど難しい設計に

しか興味がないエンジニアのように，知的労働を純粋な挑戦だと思う人もいるし，倒産しかけてすべての資源を使い果たしたクライアントにしか興味のない戦略コンサルタントのように，複雑で多面的な状況を純粋な挑戦だと思う人もいます。また，プロスポーツ選手や，日常のセールスを勝ち負けととらえている営業担当者などのように，相手との競争を純粋な挑戦だと思う人もいます。新奇性，多様性，困難性が彼らにとっての目的であり，簡単なことであればすぐに飽きてしまうでしょう。

CH－純粋な挑戦の例

ポール・チャットワース氏は冒険を求めてアメリカ海軍に入隊した。彼は航空大隊に入隊すると，やがて航空母艦に発着する航空機パイロットとなった。いつか将来，1対1の空中戦で敵と遭遇しなければならないときに，敵機を撃墜し，自分のほうが優れたパイロットであることを証明するために，彼は自由になる時間のすべてを操縦技術の向上にあてていた。彼はいつでも肉体の鍛錬に励み，いつでも臨戦態勢にあり，自分の優秀さを証明する機会を待ち続けた。スポーツでもゲームでも，彼は極端に競争心が強く，負けず嫌いであった。搭乗配置年限が来たとき，彼はしぶしぶ後方支援事務の職についたが，職務外のあらゆる活動において，あいかわらず果敢に競争を求め続けている。

パメラ・チャナウ氏は，財務を専門領域としてビジネススクールを修了した後，ウォールストリートで債権販売の職を得た。彼女は，この仕事そのものがもたらす知的で対人的な挑戦に楽しみを感じていた。やがて，グループをマネジメントする仕事への昇進の機会が得られたが，彼女はこの昇進を断った。彼女は1対1の競争をするときの刺激や，不確実で不完全な情報という条件下での問題解決というチャレンジを求めていたのだ。彼女は，顧客とのセールス上の関係は本質的に刺激的だと感じていたし，また，あらゆるセールス状況を，自分と「相手」のどちらかが「勝利」する「戦闘」ととらえていた。パメラは，キャリア全体にわたって，このような競争的環境に身を置き続けた。

最後のキャリア・アンカーである「生活様式」は，キャリア自体には特に関連はありませんが，仕事と家族との問題の統合に関連するものです。このキャリア・アンカーは，より多くの共働き家庭が，同等の価値をもつ異なる2つのキャリアからの要求に応える必要性を実感するようになるにつれて，より広まっていくことになるでしょう。

■8. LS－生活様式 (Lifestyle [LS])

　　この列の合計点が最も高い場合，あなたのキャリア・アンカーは生活様式となります。あなたがどうしてもあきらめたくないと思っているものは，あなたの個人的なニーズ，家族のニーズ，キャリアからの要求のバランスをとり，それらを統合することです。あなたは生活の主要な部分がすべて全体として統合されていくように，うまくまとまっていくことを望んでいます。よって，あなたは，そのような統合を実現できるような柔軟性のある状況を構築する必要があります。たとえば，仮に昇進につながるとしても，転勤によって，あなたの配偶者がキャリア上の希望をあきらめなければならない場合，子供が良い学校から転校しなければならない場合，あるいは，あなたのコミュニティへの関わりを断念しなければならない場合には，あなたは自分のキャリアのある面を犠牲にしなければならないかもしれません。

　あなたは，成功という言葉を，単なるキャリア上の成功ではなく，より広い意味で定義しています。あなたは，自分のアイデンティティが，特定の仕事や組織ではなく，人生全体をいかに生きるべきか，どこに身を落ち着けるべきか，自分の家族の状況にどのように対処していくべきか，いかに自分自身のキャリア開発を進めていくべきか，ということに強く結びついていると感じています。このキャリア・アンカーをもつ人は，自分のキャリアを配偶者のキャリアと関連づけて形成することがあります。あるいは，自分たちがどこに住みたいかという観点や，子供たちにどこで成長してほしいか，または，どこの学校に通ってほしいかという観点から，あるいは，仕事の枠を越えた広い意味での社会生活という観点から，個人的な興味や余暇活動の観点から，自分のキャリアと形成します。このキャリア・アンカーをもつ場合，キャリアと家族のニーズがともに最大限に満たされる地域を探そうとするので，どこに住むかという地理的問題がしばしば重要になります。キャリアと家族に関するジレンマを抱える人は，このキャリア・アンカーのほかに，別のキャリア・アンカーをもう１つもっているかもしれませんが，そのキャリア・アンカーの重要性を，より広い意味でのライフスタイルの問題よりも下に位置づけています。

LS－生活様式（Lifestyle [LS]）の例

　　ルードウィッグ・シュミット氏は，ニューヨークに本社のある大手石油会社に勤務する，将来を嘱望されたミドルマネジャーである。彼はドイツ国籍で妻もドイツ人だが，アメリカ企業で経営幹部への昇進ルートに乗っていた。息子が８歳のとき，彼はこのアメリカ企業で，５年間のニューヨーク勤務が

求められる,大きな昇進のチャンスを与えられた。ルードウィッグは昇進を辞退し,その代わりにドイツにある子会社での,それよりも低いポジションでの仕事を選んだ。彼は,夫婦で相談した結果,息子をドイツ文化の下で育てたいという結論に至った。この5年間が息子のアイデンティティ形成にとって決定的に重要であると考えたのだ。

　リサ・サージャント氏は,経営幹部候補としてキャリアの中期にあり,郊外に立地する,ある会社の本社での,かなり高い地位の役職への昇進と,それに比べると地位の面では見劣りするが大都市にある会社での仕事との選択をしなければならなくなった。彼女の夫は技術畑なので,仕事を見つけるチャンスは都市部でのほうがかなり多かった。そこで,リサは夫婦ともに満足できるキャリアを得る機会を最大限に確保するために,地位が低いほうの仕事を選んだ。

　すべてのキャリア・アンカーを検証し終えたら,最初に点数が一番低かったキャリア・アンカーを見て,そのアンカーが表すものを自分が本当に望んでいないかどうか考えてください。あなたが望んでいないことを知ることは,あなたのキャリアを考えるうえで,大切な第一歩となります。

　次に,点数が最も高かった項目を見てください。最高点がついているものが複数あればそれらのすべてを見てください。もしも,いずれかの一列だけが突出して点数が高かった場合,それがあなたのキャリア・アンカーと考えて良いでしょう。ただし,それはあなたが選択した答えを反映しているにすぎないということを忘れないでください。

どの列にも「最高」点がはっきりと現れないのですが,どうすればよいですか?

　各列の点数に差が出なかったり,いくつかの列で同点になったりする場合,いくつかの理由が考えられます。

1. あなたはまだ,自分が本当に好きなことは何か,自分の本当の才能は何か,何に価値を置いているのかが分かるほど,さまざまな職業経験を積んでいません。このような場合,少しの間,今までとは違ったことにトライして,何が一番向いているかを知ることが大切です。キャリア・アンカーは人生経験に伴って発展していくものであり,ある日突然に現れるものではありません。

2. あなたはまだキャリアの選択に直面したことがないため,何が本当のキャリア・アンカーであるかを理解していません。複数の可能性が開

かれている仕事に就いているため，2つ以上のキャリア・アンカーをもっていると考えているかもしれません。その場合，将来選択を迫られるであろうキャリア上の選択肢を考え，どちらに自分の気持ちが傾くかを想像してみてください。たとえば，多くの人が，専門・職能別アンカーと経営管理アンカーの両方をもっていると思っています。自分は会社全体を率いる取締役になりたいのか，技術部門の長になりたいのか，自問してみてください。選択を迫られれば，自分のキャリア・アンカーが本当はどこにあるのか，ほとんどの人はすぐに選ぶことができます。

3. あなたは自分に正直に回答しませんでした。あなたの本当の気持ちを表す回答ではなく，他人から見て望ましいと思われる回答，または，他人から見て価値があると思われる回答を選んでしまったのかもしれません。たとえば，多くの人が会社全体を率いる取締役になることを選択しますが，それは私たちの社会では取締役だけが価値のあるキャリアで，最高の収入を生み出すものと人々が信じ込んでいるからです。最高の点数をつけた項目をもう一度見直して，自分自身に問いかけてください。それが本当のあなたですか？

どのキャリア・アンカーも「自分らしくない」と感じたら，どうすればよいですか？

その場合，2つの可能性があります。1つは，あなたが自分の動機や能力，価値観について考えをまとめられるほど十分な職業経験を積んでいない場合です。もう1つは，あなたのキャリア・アンカーが，ここで解説した8種類のキャリア・アンカー・カテゴリーのいずれとも実際に異なるものであるか，あるいは，いくつかのカテゴリーが組み合わさったものである場合です。

この「セルフ・アセスメント」の目的は，自分自身のキャリアの状況について理解を深めることです。当然のことながら，ここに挙げたカテゴリーとは異なる『セルフ・アセスメント』をもつこともあるでしょうし，いくつかのカテゴリーが複雑に組み合わさった場合もあるでしょう。ここで挙げられたカテゴリーを無理にあてはめる必要はありませんが，自分が何者であり，自分のキャリアと人生において何を求めているかについては，よく理解する必要があります。

点数が一番高かった項目をもう一度見て，それを全体的に眺めてみて，どのようなパターンが浮かび上がってくるかを考えてみましょう。それらの項目から，あなた自身の自己イメージをつくり上げてください。この『セルフ・アセスメント』の目的は，自分を知ることです。決められたカテゴリーに自分をあてはめることではありません。

次のステップと選択肢

　この『セルフ・アセスメント』はキャリア・アンカーへの入り口です。自分のキャリア・アンカーについて，おおよその見当をつけるためのものです。あなたのキャリア・アンカーを正確に特定するには，あなたの学歴や職歴を分析しなければなりません。次のステップとなる『パーティシパント・ワークブック』では，(1)キャリア開発の領域に関するより全般的な情報を提供し，(2)すべてのキャリア・アンカーをより詳細に説明し，(3)あなたのキャリア・ヒストリーを分析して，あなたのキャリア・アンカーが何であるかを，より正確に判断していくためのインタビュー項目を示し，(4)現在就いている仕事を，役割マップの観点から分析できるエクササイズを提供し，(5)あなたの個人としての成長，キャリア開発，家族に関する希望と義務という観点から，あなたの優先順位を判断できるエクササイズを提供します。

　『パーティシパント・ワークブック』を読めばあなたの仕事の世界がどこに向かっていくのかを分析できます。また，自己採点式の質問項目により，将来の仕事で必要となる動機や価値観，能力について，自己評価をすることができます。

座談会 日本語版刊行にあたって

2014年2月13日
MIT スローン校 E52-588 と
日本を結んでのスカイプ鼎談

ジョン・ヴァン＝マーネン MIT スローン校教授
清水幸登 岡山大学保健管理センター准教授
藤田廣志 東海ライフキャリア代表
尾川丈一 Process Consultation Inc. (USA) CEO

◆尾川──次に示した表は，シャイン先生の著作を，シャイン先生の分類基準に基づいて，マトリックスに整理したものです。縦軸は，個人，グループ，組織という，クルト・レビンの生活空間を示します。

　変容は，個人からと組織からと，同時並行的に起こります。その進行状況は，生活空間のなかの中間のグループの位相発達の度合いによって測ることができます。

　横軸は，個人的にはカウンセリングの治療構造の発展の仕方，集団的にはグループ・プロセスの位相変化，組織的には OD の進め方と，縦軸に応じた時系列的な変化を示しています。

　これを今回の *Career Anchors* 第4版（邦訳『キャリア・マネジメント：セルフ・アセスメント』）を一緒に翻訳いただいた岡山大学の清水幸登先生，Process Consultation Inc. (USA) の尾川丈一の他に，東海ライフキャリア代表の藤田廣志さんからもご裨益をいただきますが，その藤田さんが，表にまとめました。これに基づいて，ジョン・ヴァン＝マーネン先生からお話しいただきました。

内的キャリアへのこだわり

◆尾川──まず最近のシャイン先生についてお話しします。シャイン先生にはグループや組織に関するご研究がありますが，最近先生とお話ししていると，個人のことにしかご興味がないように感じます。これはとても問題だと思っています。

●ヴァン＝マーネン──たしかにそうですね。彼は元々，T グループやプロセス・コンサルテーションといったグループの研究をしており，15 〜 10 年程前にはそういった著作も多かったのですが，現在はグループに関する研究はしていません。その次に彼が

システムレベル \ プロセス・コンサルテーションスキル	Pure Humble Inquiry 静謐な質問	Relating リレーショナル・コーディネーション (関係・連携・ネットワークの調整)	Helping 支援スキル
Organization 組織	*DEC is Dead* (DEC の興亡) *Organization Psychology*	*The Organization Therapy* (『組織セラピー』) *The Corporate Culture Survival Guide* (『企業文化—生き残りの指針』)	*Process Consultation*, Revisited (『プロセス・コンサルテーション：援助関係を築くこと』) *Organization Culture & Leadership*, 4th ed. (『組織文化とリーダーシップ』)
Group 集団	*Personal and Organizational Change through Group Methods* (『T-グループの実際：人間と組織の変革I サイコセラピーシリーズ1』『T-グループの理論：人間と組織の変革II サイコセラピーシリーズ2』)	*Career Dynamics* (『キャリア・ダイナミクス』) *Interpersonal Dynamics: Essays and Readings on Human Interaction*	*Process Consultation*, 2nd ed., Vol. 1 (『新しい人間管理と問題解決』)
Individual 個人	*Career Anchors: Discovering Your Real Values*, Revised ed. (『キャリア・アンカー：自分のほんとうの価値を発見しよう』 *Career Anchors: Self-Assessment*, 3rd ed. 『キャリア・アンカー：セルフ・アセスメント』) *Career Anchors: Self-Assessment*, 4th ed. (『キャリア・マネジメント：セルフ・アセスメント』) *Leadership and Motivation: Essays of Douglas McGregor* (『リーダーシップ』) *Humble Inquiry* (『問いかける技術』)	*Career Survival* (『キャリア・サバイバル』) *Career Anchors: Participant Workbook*, 4th ed. (『キャリア・マネジメント：パーティシパント・ワークブック』)	*Process Consultation* (『アジソンーウェズレイ・ODシリーズ第2巻：職場ぐるみ訓練の進め方』) *Career Anchors: Facilitator's Guide*, 4th ed. (『キャリア・マネジメント：ファシリテーター・ガイド』) *Helping* (『人を助けるとはどういうことか』)

※注：原書の下に（ ）で示しているのは邦訳書である．文献の詳細については本稿の最後に掲載している．

着目していたのは組織文化なのですが，現在はキャリア・アンカーに代表されるような個人のレベルに関心が戻っているようです。キャリア・アンカーの研究は，ロッテ・ベイリン先生や私と一緒に，1970年代から80年代にかけて始めたものです。シャイン先生の最近のご興味は，尾川さんのご指摘通り，キャリア・アンカーやキャリア・サバイバルといったことについてのように思います。

◆尾川——これは私たちにとっては非常に困ったことです。
●ヴァン＝マーネン——どういう意味で困るのでしょう。

◆尾川──まず，シャイン先生は日本では神様のように思われていて，とても大きな影響力があるということです。その先生にキャリア・アンカーばかり強調されてしまうと，日本では皆が内的キャリアのことにしか興味をもたなくなってしまいます。日本は今，終身雇用から変化していかなければならない状況にありますが，内的キャリアにしか興味をもてないのでは，社会の変化によって広がる多様性についていけず，どんどん世界から置いて行かれてしまうのです。

●ヴァン＝マーネン──私は少し違う考えです。キャリア・アンカーが組織で使われる場合，カウンセリングなどを通じ，アウトプレースメントの手段になっているということがよく見受けられます。この使い方は多様性を広めるものであり，時流にも適っています。ですから，たとえば多くの関連企業をもつ日本の複合企業において，従業員の多様性を拡げる目的でキャリア・アンカーが使われる場合もあるのではないでしょうか。キャリア・アンカーにはさまざまな使い方があり，必ずしも内的な面だけ強調するものではないと私は思います。

◆尾川──日本ではユング心理学というものが非常に強固なのです。これは特殊な心理学で，人間には元型というものがあると考えるのですが，この考え方とキャリア・アンカーが結びついてしまうと，あまりよくありません。なぜならば，「日本人はこれでよいのだ」「じっと我慢しているだけで，変わらなくてもよいのだ」ということにとどまってしまうからです。

■藤田──最近は「環境への働きかけが重要」と言われだしていますが，現実にはキャリア・アンカーだけに注目してしまい，ユング心理学的な考え方に偏って，外的キャリア形成に目が向かない傾向があるのは，非常に問題だと思っています。日本のキャリアコンサルタントの皆さんには，もっと外的な世界とのつながり，関係性という視点をもっていただきたいと思っています。

●ヴァン＝マーネン──それは興味深い話ですね。キャリア・アンカーをユングの元型のように捉えることもたしかにできます。しかし，キャリア・アンカーは，自己といっても，主我ではなくミードのいう客我を発見することによって得られるものであり，血液型や性格といった個人がもともともっているものからできあがるわけではありません。キャリア・アンカーは経験やスキル，価値観などが複雑に入り交じったものであり，不変のものなどではないのです。だからこそ，ある会社でうまくいくキャリア・アンカーが，別の組織ではうまくいかないということがあります。また，企業文化の変容やそれを必要とする環境の変化に適応しようという影響が個人に及ぶという確かな研究もあります。この環境への適応は，時にアンカーを強めるものになるかもしれません。

　環境が変化し，企業文化がそれに適応するという流れがあります。もし環境への適応がなされなければ，その企業文化は死んでしまいますが，とりあえず，日本では変化が続いているとしましょう。この変化は，社内でのキャリア・アンカーの割合にも影響します。技術的アンカーやマネジリアルな階層を上がるアンカー，保障・安定といったア

ンカーは，もはやあまり役に立ちませんし，こういったアンカーが満たされることが難しくなっているため，だんだんと割合を減らしていっています。現在の社会や文化の変化をきちんと認識するならば，自律的なアンカーや起業家的アンカー，奉仕のアンカーといったものがメジャーになるでしょう。

◆**尾川**——そうですね，本日はヴァン＝マーネン先生にはその方向でご教授いただきたいと思います。

●**ヴァン＝マーネン**——喜んで。*Career Anchors* 第 4 版の『パーティシパント・ワークブック』では，そういった変化について 20 枚ほどページをさいています。これはアメリカに限った話ではなく，ある点では日本の現状にも応えうる内容だと思います。IT 化による変化や，グローバル経済の変化は，ある種のアンカーには非常に適合していますが，その他のアンカーにとっては脅威となっています。これについての細かいお話を私がしているものもあります。

◆**尾川**——ヴァン＝マーネン先生がシャイン先生と書かれた *Career Anchors* 第 4 版において——おそらくヴァン＝マーネン先生の書かれた箇所でしょうが——「女性が仕事をする際，家庭のワークシェアリングの問題と職場のワークシェアリングの問題との両方からの軋轢の問題がある」というのは，非常に良い記述ですね。大変正確な分析だと思います。

●**ヴァン＝マーネン**——そうです，その箇所は私が書きました。それに加え，仕事と家族のバランスの問題として，夫婦が共に働く場合に，家族と職場，そして個人のバランスをいかにとっていくかといったことも書いています。職場生活の上でも，家庭生活の上でも，個人の生活というものをもつことは必要です。しかし，アメリカではそのようなことはほとんどできていません。もちろん日本でもそうなのでしょうが，アメリカはそれを超えています。アメリカの平均労働時間は日本を追い越してしまいました。アメリカでも日本でも，「人生を楽しむ」などということは夢のまた夢です。

◆**尾川**——まったく同感です。日本では先程のユングの件でも，同じ間違いを犯しました。誤ったフェミニズム・ユング論者が現れ，「女性の元型は，男性とは違う」などという変な方向に行ってしまったのです。そのような考え方ではなく，今言われたように，またマイケル・フォーダムが言うように，女性を取り巻く対象関係がどのような問題をもっているかということを考えなければ，抜本的な解決にはならないと思います。

●**ヴァン＝マーネン**——そうですね。ユングの元型は個人的なセラピーには有用かもしれませんし，自分以外のタイプを考えるときにはよいのかもしれませんが，組織的な活動や実用的な面においては，それほど役に立ちません。実際，元型の理論を使うことは，私の考え方からしますと，理解の助けになるというよりは，かえってそれから遠ざかってしまうものです。

　もう 1 つ，人口統計学的に言うと，結婚をしなかったり結婚が遅かったりして，日本やアメリカで独身の人たちが増えているということがあります。たくさんの人々が自分 1 人で暮らしており，さまざまな理由によりこの傾向は衰えを知りません。経済的な理

由も一つですし，その方が楽だということもあるでしょう。また，1人でいることが社会的にマイナスのイメージをもたれなくなっているということもあります。

キャリア・アンカーと労働市場

◆尾川——ボストン大学のダグラス・ティム・ホール先生という人に，*The Career Is Dead*（白桃書房より発売予定）や「バウンダリレス・キャリア」といった著作や論文があります。そのなかに今お話しされたようなことが書かれていますので，そういったことをご紹介いだけたらと思います。

ヴァン＝マーネン：はい，彼の著作は私もよく知っています。「バウンダリレス・キャリア」という言葉は彼のものということにはなっていませんが，彼はその理論をつくり上げたうちの1人だと思います。

　この問題については，組織的，社会的な要素が大きいと思います。今，労働市場から外れている人々の数が増えていっています。彼らは働けないのではなく，働かないのです。そういった人たちは，私たちが日常生活で出会うことは少ないのですが，目にする機会は沢山あります。彼らは女性よりも男性が多く，労働力とはなっておらず，かといって必ずしも社会的なセーフティーネットに頼っているわけでもなく，ただただ社会の外にいるというだけです。そして，ほとんどを自宅で過ごしています。この傾向は明らかに社会的潮流の1つであり，当然キャリア・アンカーの問題にも関わってくると思いますが，こちらから働きかけない限り，外に出てこない彼らのことを知ることはできないでしょう。

◆尾川——そういった労働市場における市場外リスクとキャリア・アンカーとの関係をご指摘いただけますと，大変ありがたいと思います。

●ヴァン＝マーネン——生活様式のアンカーの増加も興味深い問題です。また，移民については，現在は日本よりもアメリカで大きな役割を果たしていますが，今後日本でも問題になってくるでしょう。製造業の単純作業やサービス業といったものを誰が担っていくかということです。裕福な社会では，そういったものを移民の労働者に頼っています。彼らはそういった仕事でも，一所懸命ひたむきに働きます。私たちは召使いのいるアラブの富豪ではありませんが，増加する移民をいかにうまく使うかという問題を同じように抱えています。

◆尾川——賛成です。日本にもフィリピン人や中国人の労働者が沢山いますが，彼らにキャリア・カウンセリングをするといったことは何も考えられていませんので，これは大変重要な指摘だと思います。

●ヴァン＝マーネン——このことはもっと議論されるべきで，何かしらの革新的な対応によって解決を図らなければならない問題なのです。現状ではまだそのような政治政策は取られていませんが，日本が労働市場の国際化から逃れることができないのは明らかだと思います。

◆尾川——個別の問題になりますが,日本では高齢化の問題が深刻です。その介護を誰が担うかというと,フィリピン人等の外国人労働者に頼らざるを得ないと思います。その場合,彼らに日本語を教えるだけでは不十分です。

●ヴァン＝マーネン——事実,アメリカでは,介護職というとフィリピン人や,グァテマラ人,メキシコ人や南米の人たちをよく見かけます。彼らは病院や家庭において,旧態依然とした支配的環境で介護の仕事をしています。

■藤田——私は東南アジアで,キャリアコンサルティングの経験があります。発展途上国の方々にも,単純に生存欲求ということではなく,経験によって形成された自己イメージがあり,キャリア・アンカーは効果的だという実感をもっています。

キャリア・アンカーと文化

●ヴァン＝マーネン——私がキャリア・アンカーを気に入っている理由の1つをお話ししましょう。これはよく誤解されていることなのですが,キャリア・アンカーは組織と関連するものではありません。キャリア・アンカーとは個々人のレベルの問題でありながら,組織よりもっと大きな文化的影響に作用されるものなのです。そしてその文化的影響は,環境が劇的に変化するのに合わせて,時々刻々と変化しています。

私はキャリアとアイデンティティの関係について,ずっと考えてきました。アイデンティティはキャリアとつながっているのですが,そのアイデンティティは1つではありません。たとえば私は父親としてのアイデンティティをもっていますし,夫としてのアイデンティティももっていますし,大学教授としてのアイデンティティももっています。キャリアも同じです。私は,夫としてのキャリア,父親としてのキャリア,教師としてのキャリアをもっています。そしてそれぞれのアイデンティティやキャリアに対し,それぞれ異なったキャリア・アンカーが関係しているのです。このことに気づけば,もっと幅広い考え方ができるようになるのだと思います。

◆尾川——そうですね。キャリア・アンカーは,ユングの元型というよりは,社会学の通過儀礼の際の遷移空間（若者宿）における移行対象のようなものに近いのだと思います。若者宿は,一定年齢の若者を一カ所に集め,そこで年長者から年少者へと指導を行うことにより,大人への仲間入りの準備をするための境界操作の位相の変容の場であると,ファン・ゲネップは述べています。若者宿では,それまでのもっていた文化的前提の分離—境界—再結合を通して,アイデンティティが,変容という形で脱構築と再構築を遂げます。

●ヴァン＝マーネン——そうですね。問題が変われば,アイデンティティも変わります。変わりゆく社会において価値があると認められたものが,個人の生活の満足度や何が重要かということに反映されるのです。

◆尾川——ゲネップはまた,この変容期間（分離の位相—境界の位相—再構築の位相）

において，若者のためのセキュアード・ベース（安息地）の存在が重要であることを説いています。しかし，その役目を果たす小集団は，それぞれの文化的背景によって異なっています。そのようなセキュアード・ベースについては，民族誌学的な手法にのっとり，参与観察者にならなければ理解できません。

●**ヴァン＝マーネン**――そうやってさまざまな小集団の参与観察をすればするほど，ますます複雑な状況，ますます驚くべき事柄を知ることになるでしょう。

◆**尾川**――アイデンティティ論でいえば，ジェンダー・アイデンティティとセクシャル・アイデンティティは，深く結びついているわけで，このような事柄を所属している共同体のメンバーの一員としての準拠枠でもって，マクロ的な視点で，あるいは，動学的な視点でもって理解しなければ，大きな誤解をしてしまうことになります。

●**ヴァン＝マーネン**――とても大きな過ちを犯してしまうでしょうね。これについてもう少しお話ししたいと思います。私はちょうど，キャリア研究と民俗誌学的フィールドワークがどのように関連しているかという論文を書き上げたところです。私はキャリアを本当に理解するためには，この方法しかないと思っています。しかし，昨今は学術誌を読んでも量的な調査ばかりで，キャリア研究に民俗誌学的手法を用いた評論はほとんどありません。キャリア学術誌は制度レベル（訳注：企業・学校・NGOなどの組織・団体，地域などを分析単位とした）定量分析で溢れており，それらはすべて面白みがなく，洞察に欠けており，キャリア研究の対象になっている人々の職業すらも分からない場合さえあります。

◆**尾川**――大分結論に近づいてきたと思うのですが，皆さんにはキャリア・カウンセラーではなく，キャリア・エスノグラファー（民族誌学者）をやっていただきたいということでしょう。

●**ヴァン＝マーネン**――そうですね。民俗誌学的な敏感さをもっていないキャリア・カウンセラーは，百害あって一利無しでしょう。

◆**尾川**――同感です。「おためごかし」という言葉がありますが，民俗誌学的な調査によって文化的な文脈を理解しなければ，かえってトラブルの種になりかねないと思います。

　少し具体的な質問をさせていただきたいと思います。ヴァン＝マーネン先生は民俗誌学的な研究しかされないと日本では思われているようなのですが，もう少し応用的なものでも大丈夫ですよね，ということを一応確認させて下さい。

●**ヴァン＝マーネン**――大丈夫ですよ。私は自分を民俗誌学者だと思っていますが，民俗誌というものは，問題を理解するためのものだとも思っています。人々が何かしようとか，はっきりさせたいというような問題に直面しているとき，それは必ずしも解決しなければならないものではありません。しかし，なぜそれを問題だと考えるのかということは理解することが必要です。それこそが私の仕事だと思っています。

◆**尾川**――ヴァン＝マーネン先生の教え子である，スタンフォード大学のステファン・バーリー教授に「ヴァン＝マーネン先生は民俗誌学しかしない」と聞いていたので，

気になって一応伺ってみました。
●**ヴァン＝マーネン**——いいえ，そんなことはありません。けれど彼は私の教え子なので，私のことをよく知っているのは確かです。
◆**尾川**——彼は放射線技師で，放射線技師と放射線科医との関係を考察した非常に興味深い博士論文を書いています。
●**ヴァン＝マーネン**——非常に民俗誌学的な論文です。放射線学研究室の民俗誌ですね。彼は放射線学研究室に入り込み，そこで起こっていることについて，さまざまな発見をしました。そこには，放射線技師もいれば，放射線科医も，実験助手や補助職員，看護師もいます。
◆**尾川**——あの論文は非常によいと思います。ヴァン＝マーネン先生の警察官に関する論文や，『フィールドワークの物語』（現代書館，1999）の話も面白いですよね。
　話は変わりますが，今回 Career Anchors 第4版を一緒に翻訳する法政大学の木村先生，東海ライフキャリアの藤田さんのほかにもう一方，公衆衛生がご専門のお医者さんがいます。日本では公衆衛生の教授は大変少ないのですが，清水幸登先生は，岡山大学で准教授をされている方です。
●**ヴァン＝マーネン**——優秀な方なのですね。
◆**尾川**：公衆衛生と私たちは，意外と近いものがあります。
●**ヴァン＝マーネン**——シャイン先生も健康管理や病院，医療コミュニティについてのご研究を多数なさっていますしね。
◉**清水**——若い人たちのなかには，変容の時期にさしかかっている人たちがいます。彼らはセキュアード・ベースを求めています。これは，通常の世界とは異なる世界です。このような場所を使うことで，彼らは自身の社会的アイデンティティをイマージュからオマージュへと変容させるのです。
　主体としての個人的なアイデンティティはそのままなのですが，それと対象関係にある客体の見方が，主観的な見方から間主観性的な（相互主観性的なあるいは共同主観性的な）見方に変容する必要が，青年期後期にはあります。そのためには，個人に対するアプローチでは不十分で，集団精神療法的なアプローチをコンバインドする必要があるため，私たちは，どこかにこのような社会的な仕組みをつくりたいと思っています。若い人たちがあるキャリア・アンカーから別のキャリア・アンカーへと，変容を遂げるための場所です。ヴァン＝マーネン先生のディズニーランドでの研究のようなものです。ディズニーランドを訪れた人たちは，ひととき，外の世界とは違う世界を経験し，そしてまた外の世界へと戻って行きます。このような期間を過ごすことは，社会化にとって非常に重要なのだと思います。この考え方は，精神科医とはまた違う，公衆衛生の視点からの独特の問題提起だと思います。
●**ヴァン＝マーネン**——よく，私たちもこのようなことを制度的に行っています。私たちは人々を受け入れ，私たちの価値観・文化に適応させるのです。そのための儀式を行います。

私たちには明確に設けられた見習い期間がありますが，私たちはそこに人を送り込んで，閾値刺激を与え，その人が次の位相に移行した，とみなせる変化を遂げたら呼び戻します。その後，彼らは再出発し，社会的苦行や試練にも順応していき，真の意味で大人（男性または女性）になっていくのです。

◆**尾川**——このようなセキュアード・ベースはまた，若い人たちが社会に出る前のリアリスティック・ジョブ・プレビュー（RJP）の場としても大変重要です。このような場を使えば，彼らをより迅速に，そしてより穏やかに啓蒙することができます。

●**ヴァン＝マーネン**——歴史的に行われていたこのような通過儀礼の多くが失われてしまったというのは，私たちにとって大きな損失だと思います。それによって，若者の移行は難しくなり，結果，若者時代がどんどん長くなっていっています。

◆**尾川**：これからの日本人に必要なのは，心理学ではなく社会学ですので，是非ともよろしくお願いします。

●**ヴァン＝マーネン**——興味深いですね。アメリカでも同じようなことがあり，ビジネス・スクールに社会学の先生が増えています。しかし，やはりアメリカでも社会学の専門家になろうとする人はあまり多くありません。社会学者は社会を批判するものだと思われているふしがあったり，社会学は社会主義と関係があるように思われたりしているからです。そのせいもあって，社会学者たちはさまざまな新しい分野を開拓していっています。しかしながら一方で，経済社会学というものがありますが，これは経済学というものが得ている高い評価を社会学が拝借しようとする愚かしいものだと思います。

◆**尾川**——私のアンダーグラウンドはマルクス経済学ですから，先生の言いたいことはよく分かります。

●**ヴァン＝マーネン**——バークレーに Michael Burawoy という人がいますが，彼は数少ない正当なマルクス社会学者の生き残りの1人です。彼は，彼がグローバル社会学と呼んでいるものについての著作を出版したばかりですが，そのサブタイトルがふるっています。「4年間，4カ国，4つの研究，1つの理論」（*The Extended Case Method: Four Countries, Four Decades, Four Great Transformations, and One Theoretical Tradition*）というのです。1つの理論，それすなわちマルクス理論です。非常に面白い本です。しかし，誰もマルクスの理論に興味をもちません。何たることでしょう。

◆**尾川**——マルクスの『資本論』のなかで，特に労働市場における交渉上の地歩と転化問題に関するものです。ここで彼の書いている資本家による搾取は，今でも一般的商品搾取定理の証明するように続いていると思います。

●**ヴァン＝マーネン**——その通り，それが真実です。現状はマルクスの書いたそれに合致しています。私たちは，未だに革命を待つ身なのかもしれませんね。

◆**尾川**——今日はありがとうございました。

●**ヴァン＝マーネン**——今日はとても良い議論ができたと思います。ありがとうございました。

■—分類表に関する E.H. シャイン著作リスト

Career Anchors: Discovering Your Real Values, Revised ed. (E. H. Schein, John Wiley & Sons, 1990)(『キャリア・アンカー：自分のほんとうの価値を発見しよう』金井壽宏訳　白桃書房　2003)

Career Anchors: Self-Assessment, 3rd ed. (E. H. Schein, John Wiley & Sons, 2006)(『キャリア・アンカー：セルフ・アセスメント』金井壽宏・高橋潔訳　白桃書房　2009)

Career Anchors: Self-Assessment, 4th ed. (E. H. Schein & John Van Maanen, John Wiley & Sons, 2013)(『キャリア・マネジメント：セルフ・アセスメント』木村琢磨監訳　尾川丈一・清水幸登訳　プロセス・コンサルテーション：発売・白桃書房　2015)

Career Anchors: Facilitator's Guide, 4th ed. (E. H. Schein & John Van Maanen, John Wiley & Sons, 2013)(『キャリア・マネジメント：ファシリテーター・ガイド』木村琢磨監訳　尾川丈一・藤田廣志訳　プロセス・コンサルテーション：発売・白桃書房　2015)

Career Anchors: Participant Workbook, 4th ed. (Edgar H. Schein & John Van Maanen, John Wiley & Sons, 2013)(『キャリア・マネジメント：パーティシパント・ワークブック』木村琢磨監訳　尾川丈一・藤田廣志訳　プロセス・コンサルテーション：発売・白桃書房　2015)

Career Dynamics: Matching Individual and Organizational Needs, Addison-Wesley Series on Organization Development (E. H. Schein, Addison-Wesley, 1978)(『キャリア・ダイナミクス：キャリアとは、生涯を通しての人間の生き方・表現である。』二村敏子・三善勝代訳　白桃書房　1991)

Career Survival: Strategic Job and Role Planning (Edgar H. Schein, Pfeiffer, 1995)(『キャリア・サバイバル』金井壽宏訳　白桃書房　2003)

Helping: How to Offer, Give, and Receive Help (Edgar H. Schein, Berrett-Koehler, 2009)(『人を助けるとはどういうことか：本当の「協力関係」をつくる7つの原則』金井壽宏監訳　金井真弓訳　2009)

Humble Inquiry: The Gentle Art of Asking Instead of Telling (Edgar H. Schein, Berrett-Koehler, 2013)(『問いかける技術：確かな人間関係と優れた組織をつくる』金井壽宏監訳　原賀真紀子訳　英治出版　2014)

Interpersonal Dynamics: Essays and Readings on Human Interaction, 3rd ed. (Warren G. Bennis, David E. Berlew, Edgar H. Schein, & Fred I. Steele, He Dorsey Press, 1973)

Leadership and Motivation: Essays of Douglas McGregor (Douglas McGregor (author), Warren G. Bennis, Edgar H. Schein, and Caroline McGregor eds., The MIT Press, 1966)(『リーダーシップ』高橋達男訳　産業能率短期大学出版部　1967)

Organization Culture & Leadership, 4th ed. (Edgar H. Schein, John Wiley & Sons, 2010)(『組織文化とリーダーシップ』梅津祐良・横山哲夫訳　白桃書房　2012)

Organization Psychology, 3rd ed. (Edgar H. Schein, Prentice-Hall Inc., 1966)(『組織心理学』松井賚夫　岩波書店　1980)

Personal and Organizational Change through Group Methods (Edgar H. Schein & Warren G. Bennis, John Wiley & Sons, 1965)(『Ｔ－グループの実際：人間と組織の変革Ⅰ　サイコセラピーシリーズ1』伊東博訳　岩崎学術出版 1969；『Ｔ－グループの理論：人間と組織の変革Ⅱ　サイコセラピーシリーズ2』古屋健治・浅野満訳 岩崎学術出版 1969)

Process Consultation: Lessons for Managers and Consultants (Edgar H. Schein, Addison-Wesley Longman, 1969)(『アジソン—ウェズレイ・ODシリーズ第2巻：職場ぐるみ訓練の進め方』高橋達男訳　産業能率短期大学出版部　1972))

Process Consultation, 2nd ed., Vol. 1 (Edgar H. Schein, Addison-Wesley, 1988)(『新しい人間管理と問題解決：プロセス・コンサルテーションが組織を変える』稲葉元吉・岩崎靖・稲葉祐之訳　産能大学出版部　1993)

Process Consultation Revisited: Building the Helping Relationship (Edgar H. Schein, Addison-Wesley, 1999)(『プロセス・コンサルテーション：援助関係を築くこと』稲葉元吉・尾川丈一 訳　白桃書房　2012)

The DEC Is Dead, Long Live DEC: The Lasting Legacy of Digital Equipment Corporation (Edgar H. Schein, Peter Delisi, Paul J. Kampas, & Michael Sonduck, Berrett-Koehler, 2004)(『DECの興亡』稲葉元吉・尾川丈一監訳　亀田ブックサービス　2007)

The Corporate Culture Survival Guide (Edgar H. Schein, Jossey-Bass, 1999)(『企業文化—生き残りの指針』金井壽宏監訳　尾川丈一・片山佳代子訳　白桃書房　2004)

The Organization Therapy: Multiple Perspectives (Edgar H. Schein, et al., Alternative Views Publishing, 2009)(『組織セラピー：組織感情への臨床アプローチ』尾川丈一・稲葉祐之・木村琢磨訳　白桃書房　2014)

著者について

　エドガー・H・シャイン博士は，シカゴ大学で学士，スタンフォード大学で心理学修士，1952年にはハーバード大学で社会心理学のPh.D.を取得している。マサチューセッツ工科大学（MIT）スローン校経済学部の名誉教授である。

　MITに赴任する前は，1952年から1956年までアメリカ合衆国陸軍に大尉として従軍，ウォータリード陸軍研究所の社会心理学セクションの主任として勤務した。1956年，MITスローン校経済学部で教鞭を取るようになり，1964年に組織心理学および経営学教授となる。1968年から1971年まで，シャイン博士はMITの学部計画教示に就任し，1972年にMITスローン校組織研究グループの主任となり，1982年まで主任として活躍する。1978年にはスローン校のフェロー・プロフェッサーに任命され，1990年までその職を務めた。

　シャイン博士は，多くの著作を執筆している研究者であり，著者，教師，また，コンサルタントとしても活躍している。専門学術誌へ多くの論文を掲載するほか，14冊の著書も発表している。組織心理学（*Organizational Psychology*，第3版，1980），キャリア・ダイナミクス（*Career Dynamics*，1978），組織文化とリーダーシップ（*Organizational Culture and Leadership*，1985，1992，2010），プロセス・コンサルテーション　第1巻，第2巻（*Process Consultation*，1969，1987，1988），プロセス・コンサルテーション　改訂版（*Process Consultation revisited*，1999），企業文化（*Corporate Culture Survival Guide*，2009）などである。シャイン博士はまた，シンガポール経済の奇跡に関する考察（*Strategic Pragmatism*，MIT Press，1996）や，DECの興亡（*DEC is Dead: Long Live DEC*，2003；*The Lasting Legacy of Digital Equipment Corporation*，Berrett-Koehler，2003）に関するケーススタディも発表している。また，故リチャード・ベックハード博士と組織開発に関するAddison-Wesleyシリーズを共著者として発表している。このシリーズは1969年にスタートして以来30冊以上が出版されている。アメリカ合衆国および諸国において，キャリア開発や企業文化に関するコンサルタントとしても精力的に活動している。

シャイン博士は，2000年に American Society of Training Directors から Workplace Learning and Performance 部門の Lifetime Achievement Award を受賞している。また，Academy of Management のキャリア部門からキャリア奨学金として Everett Cherington Hughes Award（2000年）を受賞し，BU School of Management Executive Development Roundtable から Marion Gislason Award for Leadership in Executive Development（2002年），Academy of Management から Lifetime Achievement Award（2009年），International Leadership Association から Lifetime Achievement Award（2012年）を受賞している。

ジョン・ヴァン＝マーネン博士は，さまざまな職業集団についてのフィールドワークを通したエスノグラフィーと，それに基づく小集団研究の分野で活躍している。警察組織を始めとして，教育機関やさまざまなビジネス企業におけるエスノグラファーとして有名である。1972年から MIT スローン校経済学部で教鞭を取り，1988年には，アーウィン・シャエルの教授に任命され，現在に至る。博士はまた，イエール大学，サリー大学，フランスの INSEAD でも客員教授として活躍している。ロングビーチに所在するカリフォルニア州立大学で学位を，カリフォルニア州立大学アーヴィン校で Ph.D. を取得している。

ヴァン＝マーネン博士は，職業社会学，組織社会学の分野で多くの論文を発表しているが，その著作においてさまざまな職業の世界における文化的描写を行っている。アメリカ合衆国のパトロール警官，ロンドンの刑事，ノースアトランティックの1年生，MIT やハーバード大学の MBA 学生，（アメリカ，あるいは，その他の諸国の）ディズニーランドにあるシスティナ礼拝堂の造園専門家などを描写している。また，多くの著書も発表している。*Organizational Careers*（1977），*Policing: A View from the Street*（1978），*Tales of the Field*（2nd Edition, University of Chicago Press, 2011），*Qualitative Studies of Organizations*（1999），*Organizational Transformation and Information Technology*（Joanne Yates, 2001）などである。

ヴァン＝マーネン博士は，アメリカ社会論理学学会の会員であり，アメリカ応用文化人類学学会のフェローでもある。また，*Administrative Science Quarterly*, *Human Organizations*, *Journal of Contemporary Ethnography*, *Human Relations*, *Journal of Organizational Ethnography* を始めとするさまざまな学術雑誌の編集委員としても活躍し，北米，ヨーロッパ，アジアの多くの公共機関や民間組織と連携して仕事を行っている。Li and Fung, BP, アメリカ合衆国内国歳入庁，Lafarge, Warbung Dillion Read, 香港大学などである。ヴァン＝マーネン博士は，1994年から2000年まで MIT スローン校フェロー・プログラムの主任を務めていた。また，組織研究グループの主任としても活躍した（1995～2000年，2003～2008年）。

●―監訳者紹介
木村琢磨 (きむら たくま)

現　在	法政大学キャリアデザイン学部准教授
	民間企業勤務，大阪経済大学経営学部専任講師を経て，
2009 年	東京大学大学院経済学研究科博士課程修了
主　著	"A Review of Political Skill: Current Research Trend and Directions for Future Research," *International Journal of Management Reviews*, 17 (3), 2015
	"The Moderating Effects of Political Skill and Leader-Member Exchange on the Relationship between Organizational Politics and Affective Commitment," *Journal of Business Ethics*, 116 (3), 2013
	"Transformational Leadership and Job Satisfaction: The Mediating Effects of Perceptions of Politics and Market Orientation in the Japanese Context," *International Journal of Business Science and Applied Management*, 7 (1), 2012

●―訳者紹介
尾川丈一 (おがわ じょういち)

現　在	Process Consultation Inc. (USA) CEO
	Ying Wang and Co., CPA's (Santa Clara, CA) Contractor
1982 年	慶應義塾大学経済学部卒業
1993 年	慶應義塾大学大学院社会学研究科後期博士課程社会学専攻（所定単位取得退学）
2009 年	神戸大学大学院経営学研究科後期博士課程（所定単位取得退学）
訳　書	『神経症組織 ―病める企業の診断と再生―』（共訳：亀田ブックサービス，1995）
	『プロセス・コンサルテーション ―援助関係を築くこと―』（共訳：白桃書房，2002）
	『企業文化 ―生き残りの指針』（共訳：白桃書房，2004）
	『部下を持つ人のためのNLP（神経言語プログラミング）』（共訳：東京書籍，2005）
	『DECの興亡』（共訳：亀田ブックサービス，2007）
	『イカロス・パラドックス ―企業の成功，衰退，及び復活の力学―』（共訳：亀田ブックサービス，2006）

清水幸登 (しみず ゆきと)

現　在	岡山大学保健管理センター准教授
1985 年	佐賀大学医学部卒業
1995 年	岡山大学大学院医学研究科博士課程修了
著　書	『キャンパスライフとメンタルヘルス［第2版］』（共編：岡山大学出版会，2010）